ALESSANDRO ZUCCHELLI

Appunti di sociologia

dalle dispense del Corso di Formazione
per Amministratori Condominiali
A.N.A.C.I. – Lombardia

Sommario

Premesse

Obiettivo principale è fornire le basi conoscitive per una gestione consapevole del ruolo di amministratore non solo in termini professionali, ma anche all'interno della società, nei confronti quindi di quanti hanno contatti con l'Amministratore Condominiale.

Trattandosi di argomento per i più lontano dalla formazione scolastica, lo affronteremo evitando di fare riferimento a competenze specifiche, pagando il prezzo di una via più vicina alla comprensione che alla memorizzazione, con un'introduzione storica che cercherò di rendere interessante.

Per questi motivi scelgo l'approccio didattico

dell'Evoluzionismo, una teoria recente che consente di dare una spiegazione, anche se talvolta approssimativa, a molti fenomeni vitali, rendendola accessibile in modo anche intuitivo.

L'Evoluzionismo, impostato da C. DARWIN (1809 – 1882), fonda la lettura dei fenomeni relativi alla vita su due principi fondamentali, la *Mutazione* e la *Selezione*. In breve, la *Mutazione* è la conseguenza dell'osservazione per cui "i figli non presentano la media aritmetica delle caratteristiche dei genitori", anche se rimangono all'interno di variazioni non eccessivamente ampie. La *Selezione*, invece, è il principio derivato dalla constatazione che ogni organismo vivente trascorre un intervallo tra la nascita e la generazione e, di conseguenza, per arrivare alla procreazione, deve possedere un grado sufficiente di integrazione nell'ambiente, che gli permetta vitalità sufficiente da trasmettere alle generazioni future.

La *Mutazione*, quindi, è un principio in grado di giustificare l'evoluzione dalle cellule primordiali di 35 mila milioni di anni fa fino alla formazione dell'essere umano, presente, nella forma attuale, ormai da almeno duecentomila di anni. La *Selezione* è un principio che aiuta a capire il motivo per cui, oggi, la vita è caratterizzata da alcune peculiarità piuttosto che altre: in particolare, mentre si vorrebbe che tutto fosse buono e nulla cattivo, è proprio in seguito alla *selezione* che compaiono caratteri, individuali e sociali, non sempre approvabili dal pensiero morale … ma, in questa ottica, anche il pensiero morale è collocabile all'interno della *selezione*, anche se questo argomento ci porterebbe troppo lontano.

Da quanto abbiamo visto, per comprendere il ruolo dell'amministratore oggi, ci rifaremo ad una lettura della storia che risale ai tempi più antichi, così da trovare le spiegazioni ai fenomeni che ci interessano.

Le origini

Giusto per un ripassino, ma anche per avere un'idea dei tempi dell'evoluzione, fissiamo qualche data (in "anni fa"):

- 10 miliardi di anni fa: Big Bang – data presunta della formazione dell'Universo
- 4.600.000.000: formazione della Terra
- 4.000.000.000: ci sono, sulla Terra, le condizioni per la vita
- 3.500.000.000: comparsa della vita – cellule e batteri. La vita si presenta in forma monocellulare
- 700 milioni: animali, meduse, vermi – i primi animali pluricellulari
- 500 milioni: i primi pesci
- 220 milioni: i mammiferi
- 85 milioni: le scimmie

- 22 milioni: gli ominidi – gorilla, scimpanzé, orango, bonobo
- 1.800.000: *"Homo erectus"*
- 200.000: Uomo di Neanderthal
- 35.000: Uomo di Cro Magnon
- 30.000: compaiono i nonni – la vita si allunga al punto da poter sopravvivere alla 2ª generazione (circa 30 anni)

Un buon sistema per evitare che le distanze temporali restino puri numeri, consiste nell'immaginare un *calendario* dove ogni anno sia rappresentato da un foglio di carta da lettera, quindi dallo spessore di un decimo di millimetro. In questo *calendario*, un miliardo di anni, diventa spesso 100 chilometri, un milione richiede 100 metri, e per 100mila anni occorrono 10 metri.

L'aspetto che più ci interessa è la distanza temporale tra i primi animali monocellulari e quelli pluricellulari: 28mila milioni di anni (280 chilometri di calendari). In altri termini, di tutto il tempo trascorso dalla vita sulla Terra, tre miliardi e mezzo di anni, soltanto un quinto (700milioni di anni, 70 chilometri di calendari) è stato occupato da qualcosa in più oltre che dagli animali monocellulari. I quattro quinti del tempo della vita sulla

Terra sono stati riservati alla sola presenza dei batteri, diffusi soprattutto nell'acqua, in assenza di ogni altra forma di vita.

Il fatto diventa interessante se poniamo in luce due aspetti. Il primo è costituito dalla differenza sostanziale tra gli animali monocellulari e quelli pluricellulari: questi ultimi, infatti, sono costituiti da tante cellule, in origine molto simili tra loro, aggregate in modo che dalla loro collaborazione si sviluppi una vita più organizzata e più stabile, tanto che la selezione naturale ha premiato questi nuovi organismi. Dal punto di vista delle cellule, ciascuna con una vita propria, che li compongono, gli animali pluricellulari possono quindi essere interpretati come una primissima forma di CONDOMINIO, dove le regole di convivenza sono state quelle che hanno deciso la sopravvivenza dell'organismo. Nell'essere umano medio (adulto di 70 kg) il numero di cellule viventi presenti è approssimativamente di 100mila miliardi: il loro catalogo, a un foglio per cellula, sarebbe lungo 10 milioni di chilometri. Le loro regole di convivenza, il "Regolamento Condominiale del Corpo Umano" sono ancora allo studio dei biologi e dei medici, e lasciamo a loro gli ulteriori approfondimenti.

Il secondo aspetto interessante, derivato dalla riflessione sul passaggio dagli organismi monocellulari a quelli pluricellulari, riguarda il sistema di procreazione. Per gli organismi monocellulari, il metodo è chiamato "mitosi", e comporta la divisione di ogni cellula in due nuove cellule: per quando abbiamo già visto a proposito della mutazione, le due nuove cellule non saranno esattamente identiche, altrimenti non ci sarebbe evoluzione, ma sono comunque simili. Se il medesimo sistema di suddivisione continuasse anche negli organismi pluricellulari, questi diventerebbero presto deformi, proprio perché ogni cellula raddoppierebbe e, in questo modo, perderebbe efficacia nell'organizzazione collettiva. Questo è, probabilmente, il motivo del lungo periodo, i 28mila milioni di anni, che è stato necessario per "inventare" il nuovo organismo pluricellulare. Per successivi tentativi ed errori, mutazioni più o meno sconvolgenti, è finalmente successo che qualche gruppo di cellule abbia "deciso" di redigere un progetto dell'organismo e, per evitare che questo progetto si scatenasse a caso, realizzando altri organismi in modo disorganizzato, abbia diviso il progetto in due parti, affidandone metà ciascuno a due organismi differenti. Detto così sembra complesso, ma il riferimento è all'invenzione del sesso. Settecento milioni di anni fa, per realizzare i "condomini di cellule", e porre così una regola nella riproduzione di ogni cellula, è stato "inventato" il sesso: il progetto (DNA) dell'organismo è stato diviso in due e consegnato a due organismi, che sono diventati "maschile" e "femminile", così che solo dalla loro unione fosse possibile la nascita di un nuovo organismo simile al precedente. A titolo di curiosità, possiamo dire che, quando una cellula di un organismo pluricellulare, rifiuta il Regolamento Condominiale relativo alla riproduzione, e, invece di aspettare l'unione dei due sessi, comincia a seguire l'antica regola individuale della mitosi, quello che si sviluppa è noto come "tumore".

La convivenza tra gli animali

La legge della guerra è tale per cui entrambi i contendenti, terminato il conflitto, sono comunque in condizioni peggiori rispetto all'inizio: non solo chi ha perso sta decisamente peggio, ma anche chi ha vinto ha comunque subìto qualche danno dalla lotta.

Per questo, gli animali hanno *imparato* a preferire la pace. Naturalmente, non ci sono state scuole per insegnarlo, ma è stata la selezione naturale, che ha eliminato chi era troppo bellicoso: anche l'individuo più prestante, dopo due o tre vittorie nei confronti di animali più deboli, diventa più vulnerabile e quindi perde l'invincibilità.

Il sistema di pace che si è diffuso maggiormente riguarda la prevenzione del contatto fisico. Ogni classe di animali ha privilegiato sistemi di riconoscimento simili, così da ridurre al massimo i conflitti tra le specie più facilmente in competizione: è stato K. LORENZ (1903 – 1989) ad individuare per primo questi metodi, pubblicati nei volumi citati al termine di questo testo.

In particolare, è stato possibile osservare come i pesci, con l'eccezione dei predatori, ricorrano al colore della livrea per esprimere la loro aggressività e, di conseguenza, allontanare semplicemente mediante il loro colore, gli individui più deboli che si cibassero delle medesime sostanze. Chi possiede una boccia con i pesci rossi sa che, se li alimenta col cibo venduto "per vivacizzare i colori" ha molte probabilità di trovarsi con un pesce in meno: se nella boccia stavano comodamente tre pesci, dopo l'alimentazione che di fatto ha aumentato l'aggressività, la richiesta di spazio vitale è aumentata, ed il pesce più debole è stato eliminato dagli altri due.

Per gli uccelli, invece, il sistema per esprimere aggressività è costituito dal canto: quando l'usignolo diffonde nell'aria quelle che per noi appaiono come melodie, di fatto diffida tutti i volatili insettivori dall'avvicinarsi troppo.

Infine, per i mammiferi, il riconoscimento dell'aggressività viene fornito dagli odori, che siano delle ghiandole sudorifere, come per gli ungulati ed altri mammiferi, o delle urine, come per la maggioranza dei quadrupedi, o delle feci, come per gli ominidi. L'effetto di allontanamento che si prova, per esempio in un gabinetto sporco, è il medesimo che prova un pesce di fronte ad un suo simile più variopinto, un usignolo di fronte al canto del suo collega, o un cane quando trova le tracce di urina di un altro cane appena passato.

L'allontanamento dovuto all'aggressività dell'individuo produce quello che è più noto sotto il concetto di *"territorio"*, anche se raramente viene associato ad un sistema di pace. Invece, proprio poiché il sistema del disporre di confini naturali al proprio territorio finisce per impedire i conflitti intraspecifici, è importante acquisirne la portata e l'efficacia.

Ancora sugli animali

Anche per gli animali avviene un processo molto simile a quello che aveva riguardato le cellule: col passare del tempo le specie tendono ad inventare un'aggregazione che diventa, di volta in volta, sciame, o banco, o stormo, o branco: anche qui, per rimanere in tema, pur senza edifici, potremmo dire che *ogni specie tende al condominio*. Il motivo principale consiste nelle maggiori capacità di sopravvivenza del gruppo rispetto a quelle dell'individuo. In ciascuna delle classi di animali sono presenti specie individuali e specie che vivono in gruppo: gli animali che vivono in gruppo possono essere meno prestanti di quanto viene richiesto a chi vive individualmente. L'aquila rispetto ai piccioni, lo squalo rispetto alle aringhe, l'orso rispetto ai lupi, il maggiolino rispetto agli scarafaggi o alle formiche: i primi devono essere molto più robusti, proprio per poter sopravvivere alle variazioni dell'ambiente, mentre i secondi sono molto più difficili da debellare, per esempio nel caso diano fastidio all'essere umano.

Il primo motivo di forza nel gruppo consiste nella maggiore adattabilità, e questo grazie alla gerarchia interna. Nel branco di mammiferi, ma analogamente avviene negli altri gruppi, il capo-branco è l'animale maschio più prestante fisicamente: praticamente, è quello più adatto all'ambiente in cui vive, e quindi in grado di trarne i maggiori vantaggi. Proprio per la sua prestanza, è il più ricercato dalle femmine, che si sono selezionate nel tempo come ricercatrici di accoppiamenti orientati al massimo adattamento: le femmine che non hanno avuto figli in grado di adattarsi all'ambiente, hanno terminato la loro stirpe. Il capo-branco, quindi, è l'individuo che feconda il maggior numero di femmine nel branco, anche se la composizione del branco stesso è tale da poter garantire a tutti, maschi e femmine, la procreazione. In questo modo, se dovessero cambiare le caratteristiche ambientali, il capo-branco si troverebbe svantaggiato rispetto ad uno qualsiasi dei suoi gregari che, in un modo o nell'altro, potrebbe trovarsi meglio nelle nuove condizioni. Di conseguenza cambia la gerarchia e, nel giro di una generazione, tutto il branco è orientato a trarre i maggiori vantaggi dalle nuove condizioni ambientali. Al contrario, per l'animale che vive individualmente, il cambio delle condizioni richiede robustezza fisica, o per sopportarle, o per trasferirsi: tutti gli individui che non sono in grado di affrontare le nuove condizioni sono quindi destinati a non avere prole, e quindi a subire una selezione molto più severa.

La condizione di gruppo è quindi vincente dal punto di vista della selezione, ma richiede una condizione che, col tempo, è diventata così determinante da caratterizzare in modo determinante l'evoluzione.

Una seconda qualificazione degli animali che vivono in gruppo è costituita dall'evoluzione del sistema nervoso. Infatti, per poter vivere assieme, occorre che l'individuo sia in grado di controllare e reprimere i propri istinti meno sociali: per esempio, in caso di carestia, si salvano i gruppi di animali in cui gli individui sono in grado di limitarsi nella fame, così da consentire la sopravvivenza di tutti, altrimenti, in caso contrario, il gruppo si ridurrebbe, ed i pochi rimasti diventerebbero vittima dei loro nemici naturali. Il freno inibitore degli istinti è proprio il sistema nervoso, e l'aumento dell'influenza del sistema nervoso sugli istinti è meglio noto come "intelligenza": è, infatti, "intelligente", l'animale che sa trovare soluzioni migliori rispetto a quelle puramente istintive. In altri termini, anche se nella nostra cultura siamo abituati a considerare negativamente il comportamento delle pecore, ed a seguire ancora il detto di B. MUSSOLINI (1883-1945) «*è meglio vivere un giorno da leoni che cento da pecore*», è importante ricordare che, probabilmente, la pecora è più intelligente del leone, poiché, in caso di pericolo, sa pensare anche alle sue compagne.

Questo ha comportato che, dal momento in cui una specie si è orientata verso la vita di gruppo, la selezione ne è stata modificata. Per le specie individuali vale il principio darwiniano della "prestanza fisica" come criterio selettivo: si salva l'organismo più forte, ed i più deboli vengono eliminati. Per le specie di gruppo, invece, si salva il più intelligente, quello maggiormente in grado di convivere assieme ai suoi simili. In particolare, per l'essere umano, l'evoluzione non passa dagli ungulati come gli orsi, o dai felini come i leoni, notoriamente più forti, bensì dai primati, più deboli ma più intelligenti, e di qui non prosegue con le specie più prestanti, come il gorilla, o l'orango, ma preferisce lo scimpanzé nano, o bonobo, che è più intelligente, e col quale l'essere umano condivide almeno il 95% del patrimonio genetico. Il branco selezionato per l'intelligenza protegge meglio i piccoli e gli anziani, e, pur disponendo di minori capacità di difesa dai nemici, se ne salva grazie all'impiego di migliori strategie.

La considerazione vale anche per l'essere umano: per la convivenza in gruppo occorre essere intelligenti, perché è necessario sapersi imporre l'adesione alle norme che regolano i rapporti interni del gruppo. Maggiore è l'intelligenza dei singoli individui, maggiore è il numero di individui che possono partecipare al medesimo gruppo. (Ogni riferimento al rapporto tra intelligenza e litigiosità in condominio non è così casuale come potrebbe sembrare).

La legge della pace nel gruppo di animali

Abbiamo visto, nei capitoli precedenti, quanto sia importante evitare i conflitti: la selezione naturale premia gli individui e le specie in grado di andare d'accordo.

Col passaggio dalla vita individuale a quella di gruppo, il tema del territorio viene lievemente modificato. Poiché il gruppo coinvolge gli individui fin dalla nascita, il territorio diventa comune agli appartenenti al medesimo gruppo: l'aringa, la rondine, la pecora, non hanno un territorio individuale, ma resta l'importanza della difesa da altri gruppi, quindi restano i criteri di manifestazione dell'aggressività. Tuttavia, poiché difendono l'intero gruppo, i criteri di prevenzione divengono, per gli appartenenti al gruppo, elementi di pace interna. Chi ha osservato un banco di *"neon"*, quei simpaticissimi pesciolini azzurri e viola che arredano gli acquari più diffusi, ha gustato l'eleganza di quella livrea uguale per tutti: è proprio la livrea che comunica a ciascuno dei pesciolini la propria appartenenza al banco, e lo informa che può stare tranquillo perché nessuno degli animali in movimento che lo circonda gli farà male. Analogamente, i ratti si riconoscono per l'odore: se uno sperimentatore sottrae un ratto dal suo branco, e lo lava con acqua e sapone, togliendogli così l'odore comune ai suoi compagni, può reinserirlo solo dopo averlo sistemato in una gabbia che lo difenda, per evitare che venga immediatamente sbranato. Vale quindi la regola universale per gli animali di gruppo che recita

«uguaglianza fa pace;
differenza fa guerra»

Perché un gruppo resti coeso occorre l'uguaglianza degli individui rispetto ai caratteri che permettono il riconoscimento: il canto per gli uccelli, il colore per i pesci, gli odori per i mammiferi.

Nel caso particolare dell'essere umano, fin dai tempi della tribù sono stati aggiunti sistemi di pace interna efficaci quando non potessero essere sufficienti gli effetti degli odori. In particolare, i ben noti «colori di guerra», che utilizzavano i guerrieri nelle lotte tra tribù, non avevano solo il compito di spaventare i nemici rendendo gli avversari più visibili e spaventosi, ma avevano anche il compito di segnalare le alleanze tra guerrieri con decorazioni simili, così da evitare di colpirsi per errore. Questo sistema si è evoluto nelle divise militari, che hanno caratterizzato ogni esercito, ed è arrivato ai giorni nostri nei colori delle squadre per le quali si manifesta il tifo: persone tra loro sconosciute, giunte da paesi diversi, si riconoscono grazie ai colori della squadra, e fanno fronte comune contro chi tifa per la squadra avversaria, a volte purtroppo riprendendo azioni che assomigliano più alla guerra che al gioco sportivo.

La legge della pace, per cui è istintivo fare alleanza con chi è uguale, e guerra con chi è diverso, si manifesta anche in molti altri momenti della vita sociale. Il rifiuto verso le persone di un paese d'origine differente, oggi chiamato "razzismo", è fondato su questo principio di pace interna: in passato esistevano conflitti tra paesi vicini o tra quartieri della medesima città, mentre oggi chi ha una pelle di colore differente ha imparato a coprire con un profumo il proprio odore naturale che susciterebbe ostilità in chi ha la pelle diversa. Naturalmente, è possibile, mediante la consapevolezza e la cultura, superare queste divisioni, e ci sono persone che estendono l'idea di uguaglianza ad alcuni o a tutti gli animali, rifiutando di mangiarne per il disgusto che deriva dal sentirsi fondamentalmente simili e quindi con uguali sensibilità al dolore. Ancora, è facile che si formino gruppi di persone che hanno in comune una passione, per i dischi in vinile o per gli scacchi, per le gite in montagna o per la coltivazione delle orchidee: la presenza di qualcosa di uguale favorisce la pace interna al gruppo. Per contro, quando l'uguaglianza comporta delle distinzioni, allora prevale la differenza e quindi la guerra: gli appassionati di foot-ball privilegiano i colori della squadra all'uguaglianza della passione; i religiosi privilegiano le differenze su alcuni dogmi rispetto all'uguaglianza sulla fede in Dio; ed i più appassionati di informatica tengono a precisare la loro preferenza al sistema Windows piuttosto che Apple, più che a sentirsi accomunati dall'interesse comune. Vedremo più avanti quanto questa legge sia utile per l'amministratore del condominio.

Il passaggio all'essere umano

Tra le tante teorie che cercano di spiegare il passaggio dal bonobo all'essere umano, ritengo maggiormente convincente quella espressa dallo studioso di storia L. STONE (1919 – 1999) nell'opera citata al termine di questo scritto. Secondo l'Autore, il progressivo aumento del volume della scatola cranica, dovuto alla spinta evolutiva verso l'aumento dell'intelligenza, ha portato ad un punto di rottura al momento della nascita: il piccolo bonobo aveva un cranio troppo voluminoso per poter passare indenne dal bacino della madre. Di qui, due vie: da una parte, le femmine gravide di figli troppo intelligenti, morivano di parto, e con loro il piccolo; dall'altra si sono sviluppate, per alcune centinaia di migliaia di anni, mutazioni che consentissero di bypassare l'ostacolo. La soluzione, per tentativi e drammatici errori, è arrivata mediante l'acquisizione di un gene che consentisse l'aumento del numero di neuroni dopo la nascita. Mentre tutti gli altri primati utilizzano soltanto la vita intrauterina per arrivare alla formazione completa del sistema nervoso centrale, per l'essere umano il cervello continua a svilupparsi anche dopo la nascita, per cui l'orientamento evolutivo all'aumento dell'intelligenza viene rispettato senza compromettere più di tanto la fragilità del parto che, comunque, mantiene aspetti più problematici rispetto agli altri ominidi.

Il prezzo della deformazione genetica, che costituisce quel 5% di differenza tra il patrimonio dell'essere umano e quello del bonobo, comporta non solo l'assenza di coda e di pelo, ma anche un ritardo nello sviluppo globale, così che la maturazione completa avvenga solo verso la fine del secondo anno di vita, quando si completa anche l'identificazione sessuale.

Dal punto di vista sociale, tuttavia, le variazioni iniziali non sono significative: probabilmente, all'inizio, vi è stata convivenza tra bonobo ed essere umano all'interno del medesimo branco, e successivamente, quando il numero degli individui è aumentato sufficientemente, il branco degli esseri umani si è distaccato, mantenendone la forma, anche se oggi vi attribuiamo il nome di "tribù".

La vita tribale, infatti, inizia col passaggio all'essere umano, circa duecentomila anni fa, poco più o poco meno, e prosegue, nella nostra storia, fino all'invenzione della famiglia. Per comprendere questo passaggio, tuttavia, occorre ancora qualche riflessione sulla vita di branco dei bonobo, oggi molto studiati: per chi fosse interessato, suggerisco il volume di F. DE WAAL (1948) riportato in fondo a questo testo.

Il branco degli ominidi

Gli ominidi (gorilla, orango, scimpanzé, bonobo) hanno bisogno del branco: l'ominide solitario non è, infatti, in grado di difendersi dalle minacce dell'ambiente, costituite soprattutto dai predatori che a loro volta combattono in gruppo. Il branco medio è composto da una cinquantina di individui, equamente distribuiti per sesso, ed in gerarchia per prestanza fisica: il capo branco, i *guerrieri*, gli *approvvigionatori* ed i *deboli*, costituiti dagli anziani e dai piccoli. La vita sessuale è libera, ma in generale avviene uno scambio tra i vari branchi delle femmine in età fertile, così da favorire le mutazioni, e da evitare accoppiamenti tra figli del medesimo padre o della medesima madre. Per questo si verificano spesso incursioni di individui maschi di altri branchi, per rapirne le femmine.

Il branco degli ominidi ha sistemi di pace interna particolarmente evoluti, così da evitare divisioni e di conseguenza indebolimenti. Oltre ai ben noti sistemi di pace tra gli individui bonobo, che ricorrono anche all'attività sessuale per limitare e ridurre le ostilità, esiste un sistema di garanzia particolarmente efficace. Se due individui maschi, di pari forza fisica si trovano in conflitto, è stato osservato che in questi casi interviene il capo-branco, non in mezzo, come paciere, ma scegliendo uno dei due contendenti ed affiancandolo, per cui l'altro si trova subito in minoranza, e, intelligentemente, abbandona la lotta. Tra i primati non c'è mediazione, ma alleanza, e questa viene decisa dal capo-branco. I criteri per cui il capo-branco decide di appoggiare uno piuttosto che l'altro dei due contendenti non sono riferibili a più o meno vaghi ideali di giustizia, bensì alla simpatia più materialistica: si affianca a quello dei due che gli ha fatto i favori più graditi, per esempio regalandogli cibo. In altri termini, la pace nel branco degli ominidi viene definita in base al criterio di «*dare per favore ad alcuni ciò che spetterebbe a tutti per diritto*», in un sistema che potrebbe ben a ragione definirsi «*mafioso*». Praticamente, il metodo che oggi è attribuito alla mafia era presente fin dai nostri progenitori ominidi in quanto fondamentale sistema di pace.

A fronte di questa analisi, quindi, il branco degli ominidi appare organizzato in due tipi di gerarchia: da una parte, i più forti comandano sui più deboli, ma dall'altra i più "simpatici" al capo-branco hanno più privilegi rispetto agli altri, perché possono ottenere più facilmente quello che vogliono. In questo modo, un branco di una cinquantina di individui può vivere in pace, perché in caso di conflitto tra i membri interni, c'è sempre un modo per evitare addirittura il contatto fisico, e quindi che possano indebolirsi facendosi del male reciprocamente.

Il prezzo di questa scelta di pace, tuttavia, è completamente a carico del capo-branco. Il ruolo del capo-branco, infatti, viene rivestito solo per il breve periodo della vita dell'ominide, durante il quale lui è il più prestante fisicamente rispetto ai suoi compagni: nel giro di un anno è molto probabile che un individuo della generazione successiva raggiunga la maturazione fisica per competere col capo, mentre questi, avendo raggiunto il top, non può che calare. La struttura mafiosa del branco renderebbe delicatissimo il momento della successione, perché gli amici del capo in decadimento sarebbero ben motivati a difenderlo, mentre chi non aveva goduto dei suoi favori difenderebbe il nuovo candidato. Se le cose andassero in questo modo, o scatterebbe una lotta fratricida, oppure il branco si dividerebbe, e comunque diventerebbe vittima degli animali predatori che approfitterebbero di questa condizione. Per questo, si sono selezionati quegli ominidi che hanno trovato una soluzione meno pericolosa. Come ha scoperto DE WAAL in anni di meticolosa osservazione, la successione avviene di notte: un individuo anziano, assieme la futuro capo branco, assalgono silenziosamente il capo da sostituire, e lo uccidono nel sonno, così che l'indomani il branco si ritrovi un nuovo capo, riconosciuto da tutti.

È interessante la presenza dell'individuo anziano: quello che ha assistito numerose volte a questo tipo di avvicendamento, e costituisce la "memoria" del branco, ripetendo un rito che ha funzionato per millenni. È presumibile che il medesimo rito sia proseguito col passaggio dall'ominide all'essere umano: i reperti di crani trapanati, risalenti anche a dodicimila anni fa, sono probabilmente da attribuire a rituali più precisi e forse meno dolorosi messi in pratica al momento della sostituzione del capo tribù. Anche la tribù aveva sistemi di pace di tipo mafioso, e anche nella tribù, l'unico problema da risolvere in modo cruento era costituito dalla sostituzione del capo.

L'invenzione della famiglia

L'essere umano era molto più intelligente dei suoi cugini ominidi: il volume della scatola cranica, nell'adulto, è di circa tre volte superiore. Per questo, è pensabile che il rito della successione sia stato gestito in modo religioso, dallo stregone, e che per molto tempo il capo tribù abbia vissuto consapevole del proprio destino ma anche del proprio privilegio di capo onnipotente sugli altri membri. Tuttavia, è anche probabile che qualche giovane candidato al ruolo, osservando la fine dei suoi predecessori, abbia cercato soluzioni differenti, forse fuggendo in un pericoloso isolamento, forse lottando per evitare la sorte, o inventando chissà quanti altri tentativi. È quindi pensabile che qualcuno di questi futuri capi abbia pensato di rinunciare fin dalla pubertà alla promiscuità sessuale, scegliendo tra tutte una sola donna, e proteggendone personalmente i figli. Tra quanti hanno fatto questa scelta, è possibile

che qualcuno, al momento dalla salita a capo tribù, abbia potuto sostituire la difesa degli amici
con quella dei figli: tra la paternità a 11 anni e
l'ascesa a 20, magari con qualche ritardo nel re-
perimento del competitore, è possibile che il sistema abbia cominciato a funzionare, consentendo così un capo tribù, circondato da figli sempre più in grado di proteggerlo e quindi in grado
di invecchiare in astuzia e saggezza. In quel modo, probabilmente con tentativi ripetuti in diverse
occasioni, è nata la famiglia patriarcale.

La datazione di questa invenzione è incerta,
ma le prime famiglie note sono quelle delle dina-
stie, egizia (meno di seimila anni fa), babilonese
e cinese (circa quattromila anni fa). In Grecia, le
prime famiglie compaiono con le città (Argo e Mi-
cene, tre, quattromila anni fa), mentre possiamo
considerare Adamo ed Eva come sintomo della
comparsa della famiglia ebraica, databile a 6mila
anni fa. La famiglia nasce comunque per sostituire il ruolo del capo tribù, e riguarda quindi prima
di tutto i regnanti: la popolazione rimane, invece,
più a lungo legata ad aspetti di promiscuità, non
avendo problemi di successione. La presenza
delle feste orgiastiche nelle culture greca e ro-
mana può essere vista come una forma di no-
stalgia della libertà sessuale della tribù.

La sostituzione della famiglia alla tribù si

rende subito più efficace, perché consente l'invecchiamento, e quindi la raccolta di saggezza. Mentre la tribù era in grado di aggregare una cinquantina di individui, la famiglia poteva mantenere lo stesso numero di persone in legame pacifico con altre famiglie, organizzando così città e stati, dove il modello gerarchico del patriarca anziano che governa sui giovani, si replica nei diversi livelli in un sistema feudale.

La pace oltre la tribù

All'interno della tribù, come nel branco di ominidi, la pace veniva garantita dal capo, mediante il sistema mafioso in base al quale difendeva i propri amici in caso di conflitto con altri individui. L'invenzione della famiglia ha consentito aggregazioni molto più numerose, dato che all'interno di ciascuna famiglia la pace era garantita dal patriarca, e queste erano organizzati gerarchicamente in piramidi sociali, dalla città, al regno, dove le relazioni tra i cittadini venivano mantenute in nome dei vari "*pater familias*". La pace interna del regno era quindi determinata dagli accordi tra i patriarchi delle famiglie che lo componevano, rappresentando in pochi un grande numero di persone, e consentendo quindi al re di mantenere efficacemente il sistema mafioso come sistema di pace. Tuttavia, quando i grandi re sono riusciti ad aggregare molti regni, il sistema mafioso non ha più retto, in quanto non era più possibile ricordare la gerarchia degli amici ed i favori ricevuti da ciascuno. Per questo, nel 1780 a.c. HAMMURABI, sesto re di Babilonia, ed unificatore dei territori tra il Tigri e l'Eufrate, ha inventato la Legge scritta, come documentato dalla Stele di Susa.

È interessante notare come la Legge si fondi sull'uguaglianza, così come la regola della Pace che abbiamo visto precedentemente: in teoria, la Legge è uguale per tutti e, quando si è uguali, si è in pace. Di fatto, la Legge, in quanto astratta, tende ad essere costante nel tempo, mentre le relazioni sociali tendono al cambiamento, per cui, per una buona pace tra i componenti della nazione, occorre un costante aggiornamento delle leggi alle mutate condizioni, evitando così che queste, nella loro immobilità, favoriscano la conservazione a scapito, soprattutto, delle nuove generazioni.

Da HAMMURABI in poi la Legge diventa lo strumento di pace interna più utilizzato, nelle sue tre componenti, legislativa, esecutiva e giudiziaria. Il concetto di eguaglianza, indispensabile per applicare la legge, è originariamente limitato ai soli maschi nobili adulti dell'impero di Babilonia, e solo nel secolo scorso verrà esteso, almeno per la gran parte delle popolazioni, a tutti gli esseri umani, indipendentemente dall'età, dal sesso e dal ceto sociale, con corpi giuridici che difendono in egual modo i diritti di tutti. A titolo di curiosità, alcune tappe dell'evoluzione del concetto di uguaglianza:

- 200mila anni fa: comparsa dell'essere umano attuale, vive secondo i criteri della "pace mafiosa"
- 1780 a.c.: Hammurabi "inventa" la legge
- Anno 0 circa: Cristo e Socrate, in due culture differenti, propongono la teoria dell'uguaglianza tra gli esseri umani. Entrambi, proprio per questo, vengono uccisi.
- 1789: La Rivoluzione Francese e la proclamazione dell'uguaglianza
- 1877: l'uguaglianza per i giovani, in Italia. La legge Coppino istituisce l'istruzione obbligatoria uguale per tutti
- 1946: l'uguaglianza per le donne, in Italia. Il Suffragio Universale rende i cittadini uguali per la democrazia
- 1975: l'uguaglianza per le mogli, in Italia. Il Nuovo Diritto di Famiglia abolisce la «*patria potestà*»

La famiglia patriarcale

Pur con tante variazioni, il modello della famiglia patriarcale costituisce il criterio di aggregazione costante per gli ultimi cinque, seimila anni, orientandosi al tramonto, almeno nel mondo civile, col XX secolo, dove le civiltà rurali hanno spesso mantenuto gli ultimi riferimenti.

Per quanto riguarda la nostra cultura, il modello più frequente di famiglia patriarcale seguiva questo schema gerarchico, con le variazioni che la realtà impone. Questo modello si riproduce, *mutatis mutandis*, dalla famiglia regale a quella dei mezzadri agricoli, passando per tutte le variazioni possibili, mantenendo la caratteristica della presenza, nel medesimo nucleo, di almeno tre generazioni.

a) **Il patriarca**. È il "padre" per antonomasia, il capostipite rispetto ai componenti della famiglia. Raccoglie tutti i poteri decisionali della famiglia e ne costituisce la rappresentanza ed il simbolo. In particolare decide, in modo indiscutibile, i rapporti commerciali con l'esterno ed i reciproci ruoli interni, definendo i compiti, in particolare dei figli maschi, e garantendo la pace in famiglia anche mediante il ricorso a punizioni. Ha spesso potere di veto in merito alle poche decisioni rimaste ai componenti della famiglia, in particolare relativamente alle ipotesi di matrimonio dei figli e delle figlie. Costituisce l'autorità da rispettare in assoluto, da parte di tutti i componenti della famiglia e da far rispettare all'esterno: un'offesa al patriarca è un'offesa a tutta la famiglia, e comporta l'onore e l'impegno di tutti perché venga lavata.

b) La "**reggente**". È la moglie del patriarca, e raccoglie la delega dell'autorità per la gestione interna della famiglia. Decide compiti e ruoli, e mantiene la pace nei confronti delle donne presenti in famiglia, figlie e nuore, ma anche nipoti ed eventuale servitù. Generalmente non esprime il proprio parere, ma lo concorda con il patriarca e, se del caso, ottiene che sia lui a manifestarlo e a farlo rispettare.

c) **I figli maschi**. Costituiscono il secondo grado di potere, soprattutto esecutivo ma con qualche delega decisionale, soprattutto negli ambiti delle eventuali specializzazioni. Il figlio che si occupa della riparazione degli attrezzi, per esempio, ha il compito di organizzare i suoi aiutanti, ed ha una sua autorevolezza nella gestione degli investimenti per gli attrezzi; e così per i fratelli che si occupano della stalla piuttosto che dello stivaggio dei raccolti. I figli maschi restano in famiglia e, come già avveniva presso il branco degli ominidi e presso la tribù, sposano donne di altre famiglie, imitando, in scala, la gerarchia patriarcale: ogni figlio sposato ha, nei confronti della moglie e dei propri figli, le stesse prerogative che ha il patriarca sulla famiglia, limitate solo dal patriarca stesso e dalla reggente: in caso di conflitto con i fratelli, sarà il patriarca a ristabilire l'ordine, mentre per i litigi tra le cognate il compito resta alla reggente. I figli costituiscono la fonte del reddito, mediante il loro lavoro: i guadagni, ottenuti dal lavoro nei campi piuttosto che in altro modo, confluiscono nel patrimonio comune, e sarà comunque il patriarca a distribuire il denaro in funzione delle esigenze e non dei guadagni, privilegiando comunque il risparmio collettivo.

d) **Le figlie**. Restano in casa, ed aiutano la madre, fino a che non arrivano all'età del matrimonio. Nel tempo lasciato libero dalle incombenze definite dalla reggente, si occupano della preparazione della dote, in modo da aumentare le probabilità per un buon matrimonio. In caso di conflitti, è sempre la madre che ristabilisce la pace.

e) **La figlia nubile**. Anche se non è una regola, è frequente che la maggiore delle figlie rimanga in casa, nubile, braccio destro del patriarca, ed incaricata della gestione contabile del patrimonio. Spetta a lei la distribuzione, secondo la sua discrezione, dell'*argent de poche* domenicale ai fratelli, così che possano spenderla all'osteria, lasciando le donne in casa a badare ai piccoli. Il ruolo della figlia nubile in casa si rende necessario quando, per esigenze di salute, il patriarca non ha potuto esercitare i propri diritti alla sessualità nei confronti della moglie, generalmente tre volte al giorno. Nei casi della malattia della moglie, o dell'imminenza del parto, o della morte, che avveniva con grande frequenza proprio per il parto, i compiti della moglie venivano normalmente assolti da questa figlia che, proprio per questo, perdeva la verginità, e non era quindi più possibile pensare ad un matrimonio per lei. In compenso, manteneva ruoli di potere nei confronti dei fratelli, ed aveva incombenze meno pesanti, godendo di particolari attenzioni da parte del patriarca.

f) **Le nuore**. Le mogli dei figli dipendono direttamente dalla reggente, per tutto quello che non riguarda i rapporti strettamente coniugali. I nipoti della reggente crescono assieme, accuditi da alcune figlie e nuore, mentre altre si occupano di eventuali anziani presenti nel gruppo, o comunque dei problemi logistici, cucina, vestiario, conservazioni alimentari, eccetera, differenti a secondo delle caratteristiche della famiglia.

g) **I nipoti**. Come appena visto, generalmente crescono assieme, spesso con forme di scuola privata interna alla famiglia, a cura di qualche donna. Il lavoro minorile è la regola: con l'età della ragione il bambino comincia a contribuire al sostentamento della famiglia, collaborando inizialmente con le donne e successiva specializzandosi secondo le esigenze del gruppo. La mortalità infantile è particolarmente diffusa, non solo per le difficoltà del parto, ma anche per le malattie dovute alla ridotta igiene ed alle conseguenze dei traumi: per questo è solo nel 1700 che compaiono le prime "bare bianche" per i bambini morti prima dei cinque anni, e questo solo presso alcune famiglie nobili. Per tutti gli altri rimane la consuetudine che, per i bambini morti prima dell'età della ragione, non ci sia nemmeno la sepoltura, in un processo che comincia a civilizzarsi con la diffusione della cultura, praticamente solo agli inizi del 1800. In questo contesto è comprensibile come eventuali problemi di pedofilia non fossero nemmeno presi in considerazione, vista la scarsa importanza che aveva il minore nella famiglia patriarcale, soprattutto perché, proprio in seguito alla fragilità della sua vita, era consuetudine evitare di affezionarsi, per ridurre la sofferenza quando, con feroce probabilità, veniva la morte a sottrarlo. Per avere un'idea del problema della mortalità infantile, possiamo osservare dati demografici, riferiscono come, fino al 1800, la popolazione sia aumentata solo lievemente, rispetto all'anno 0, con variazioni determinate in particolare dalle epidemie. Poiché, in media, ogni uomo si sposava quattro volte, perché tre volte vedovo in seguito ai problemi legati al parto, e poiché ogni uomo, in media, aveva 16 figli, si deduce che, sempre in media, per ogni famiglia morivano almeno 5 figli (31%), altrimenti la popolazione sarebbe aumentata. Nel XIX secolo, in una progressiva riduzione, è documentato che in Italia la mortalità infantile sotto l'anno era del 25%, come dal testo di Sonnino, E. (1939 – 2012), citato alla fine. Si tratta di calcoli molto approssimativi, dedotti da scarna documentazione, ma sufficienti per avere un'idea di una condizione oggi.

h) **Gli anziani**. Quando il patriarca o la reggente diventavano troppo vecchi, la famiglia trovava per loro un ruolo in disparte, per gli stessi motivi che avevano portato i primati a sopprimere il capo-branco che fosse sostituito. La vita media, fino a metà del 1800, era di circa 40 anni; la mortalità per parto comportava, come già detto, che ogni maschio si sposasse quattro volte, con mogli sempre più giovani. Per questo era difficile che nella famiglia si ritrovasse un patriarca anziano destituito: era più frequente la presenza della vedova, che, comunque, non poteva avere voce nelle decisioni di famiglia, e veniva ospitata più per misericordia che per affetto. Più frequenti, invece, i fratelli nubili del patriarca, che, non riuscendo costruire una famiglia, venivano a far parte del gruppo: essendo più anziani dei figli, potevano mettere a disposizione un po' di esperienza e quindi coordinavano, soprattutto quando l'età comportava difficoltà all'azione. Nella maggior parte dei casi, venivano tollerati, perché i nipoti non sopportavano facilmente il ruolo dello zio, che, in questo modo, restava appartato, evitando così di disturbare l'autorità del patriarca, limitandosi a curare l'esecuzione dei suoi ordini.

i) **I famigli**. Era frequente che il personale di servizio partecipasse in qualche modo alla vita della famiglia patriarcale, condividendone le sorti. In particolare, i famigli dipendevano dal patriarca o da chi ne aveva la delega, tanto per la definizione dei compiti, quanto per la conservazione del loro denaro, che rimaneva amministrato dal patriarca stesso fino al momento in cui questi non lasciassero, per qualsiasi motivo, la casa dove godevano di vitto e alloggio a volte, nelle famiglie rurali, soprattutto montane, addirittura partecipando alla mensa collettiva di tutto il gruppo.

Presso la nobiltà, il gruppo familiare poteva contare diverse decine di individui, tra consanguinei, acquisiti e servi: in questi casi partecipavano anche persone specializzate nell'amministrazione, persone addette all'educazione dei giovani, persone incaricate di organizzare e procurare divertimento, e anche una cappellania che si occupasse degli aspetti religiosi. Praticamente, quindi, la famiglia patriarcale rispondeva alle esigenze del condominio, governando la vita di diverse coppie e dei relativi figli, in una organizzazione orientata al benessere collettivo mediante il contributo di ciascuno.

La condizione della donna nella famiglia patriarcale

È possibile sostenere che i vantaggi, sociali, culturali, e di civilizzazione, conseguiti dal passaggio dalla tribù alla famiglia patriarcale siano stati pagati soprattutto dalla donna. Soltanto due figure femminili riuscivano ad avere un po' di autonomia, a condizione di una integrale sottomissione al patriarca: la moglie del patriarca, e l'eventuale figlia nubile. Per tutte le altre, non c'era autonomia, ed erano gli uomini a decidere. Anche per il matrimonio, erano soprattutto i maschi a decidere: ancora oggi è tradizione, nei matrimoni religiosi, che sia il padre della sposa ad accompagnarla all'altare per consegnarla al marito, del quale prenderà anche il cognome. Se è vero che col Nuovo Diritto di Famiglia (1975) molte cose sono cambiate, è anche vero che per molte donne il cambiamento è tutt'ora soltanto sulla carta.

Per il passato, nel caso che qualche giovane fanciulla più sveglia, decidesse di fare di testa sua, ci pensava l'educazione e la letteratura a dimostrarle, fin da piccola, che le coppie fondate su qualcosa di differente dal sistema vigente finivano male: da Paolo e Francesca a Giulietta e Romeo, da Orfeo ed Euridice a Abelardo ed Eloisa non esiste un racconto che possa essere stato leggibile da una ragazza nata prima del XIX secolo, dove la coppia di innamorati non finisca tragicamente.

Analogamente, sul piano economico, la donna sposata perdeva ogni diritto: tutto il suo capitale, sotto la forma della *"dote"* passava al marito, tutto il capitale guadagnato durante il matrimonio era del marito e, nei rarissimi casi di separazione, nulla spettava alla donna che lasciasse il marito.

Le condizioni per la crisi del legame matrimoniale erano legate alla prole. Nel caso la coppia non riuscisse ad avere figli, la prima imputata era la moglie, e senza troppe indagini non era difficile ottenere la dichiarazione di nullità del matrimonio (Sacra Rota), a meno che interessi politici non fossero più importanti, come nel caso di Enrico VIII di Inghilterra e Caterina d'Aragona. Il secondo motivo di crisi era costituito dall'ipotesi di tradimento, proprio perché, anche in questo caso, ci sarebbe stata di mezzo la prole. La norma voleva che il marito potesse invocare lo scioglimento in presenza del sospetto di tradimento, mentre per ottenere la medesima decisione a favore della moglie era necessario che il marito fosse colto in fragrante all'interno delle mura domestiche: anche se sembra una norma ingiusta, occorre ricordare che, in assenza di prove del DNA, il contendere era sulla base, appunto, dell'arrivo di una nuova bocca da sfamare, inevitabile se portata dalla donna, e pericolosa per l'equilibrio domestico solo nel caso l'uomo fosse stato costretto a riconoscere il figlio.

Per questo, la regola era che fossero i genitori ed i futuri suoceri a concordare i termini del matrimonio, e l'investimento nella dote così da garantire interessi comuni alla solidità della coppia.

La famiglia nucleare

Dopo il 1000, con la formazione dei Comuni, si diffonde e si sviluppa una nuova forma di famiglia, quella nucleare, composta cioè da membri di due generazioni, genitori e figli, senza comprendere i nonni e quindi senza patriarca. A onor del vero, la vita di coppia era già stata osservata presso il branco, quando un maschio ed una femmina, generalmente tra i più prestanti fisicamente (di tipo "*alfa*"), si ponevano in disparte rispetto agli altri, e privilegiavano la loro unione sessuale rispetto a quella degli altri membri, ma questo tipo di relazione dura relativamente poco. Anche la Bibbia, con l'episodio di Adamo ed Eva, parla di coppia, tuttavia, per gli ebrei, dopo la creazione della prima coppia che, ovviamente non poteva avere nonni, la famiglia assume subito il modello patriarcale, con le tre generazioni compresenti.

Con i Comuni, tuttavia, l'esigenza di limitare

il domicilio agli spazi per i coniugi ed i loro figli comporta la nascita vera e propria di questo nuovo tipo di famiglia, anche se qualche sociologo propone la lettura inversa, dando la raggiunta capacità di famiglia nucleare come condizione che ha consentito lo sviluppo dei Comuni, ed è probabile che anche questo fattore abbia avuto la sua importanza.

L'assenza del patriarca non cambia in modo significativo la condizione della donna, che anche nella famiglia nucleare resta, fino al 1975 per l'Italia, nella condizione di sottomissione alla "patria potestà": il patrimonio resta amministrato dal marito, e nulla rimane intestato alla moglie che, mediante l'istituto della dote, consegna ogni proprietà al padrone di casa. Anche dal punto di vista lavorativo, gli eventuali guadagni della moglie rimangono proprietà della famiglia e quindi amministrati dal marito: nella maggior parte dei casi, comunque, la moglie lavora accanto al marito che, in questi casi, è un professionista piccolo borghese o un artigiano, comunque lavoratore in proprio.

Invece, anche se occorrerà ancora parecchio tempo, cominciano a porsi le premesse per i condomini, che assumeranno una forma definita solo con le grandi urbanizzazioni dell'era industriale, all'inizio del XIX secolo.

Il condominio e l'Amministratore Condominiale

Da quanto visto, il condominio risponde, prima di tutto, all'esigenza tipicamente umana di aggregazione, anche se, in questo caso, la spinta economica del risparmio ha un peso innegabile: l'aggregazione condominale non è naturale, e la scelta dei condomini non segue i criteri del branco o della tribù, bensì quelli del mercato e delle esigenze di ciascuno in modo individuale.

Questo significa che, se da una parte sarebbe auspicabile un'aggregazione simile a quella naturale, del branco o della tribù, o anche della città di una volta, che consentisse tutti i vantaggi della vita di gruppo, dall'altra questo viene impedito o quanto meno reso altamente improbabile proprio dal criterio con cui si forma l'aggregazione stessa, fondato sull'interesse individuale di ogni singolo partecipante.

Ne consegue che, in questa lettura evoluzionistica, la selezione naturale dei condomìni continua a privilegiare quelli che si dotano di un "capo tribù artificiale", l'Amministratore Condominiale, che sappia mediare le esigenze individuali con quelle di gruppo, in modo che il tornaconto venga distribuito senza creare conflitti.

In altri termini, il ruolo sociale dell'Amministratore Condominiale, dal punto di vista dell'evoluzione sociale, è indispensabile, e può essere definito, come

«*Venditore di Pace*»

Il suo obiettivo è quindi quello di relazionarsi con i condomini in modo da aumentare la pace interna, anche a scapito di quella esterna, così che non solo regni l'armonia, ma anche il risparmio e la convenienza. Poiché la guerra costa, ma anche risparmio e convenienza incidono sul portafogli dei condomini, ecco che l'onorario dell'Amministratore diventa il prezzo della pace. Da sempre, i Venditori di Pace sono stati particolarmente costosi: il primo "mercato della pace" è stato Delfi (circa 600 a.C. – 350 d.C.), dove ancora oggi si possono ammirare nei musei i resti dei tesori; il secondo è stato il Vaticano (circa 313 – 1914), che in quel periodo ha raccolto ricchezze paragonabili a quelle dei regni, ma senza doverle conquistare; oggi dovrebbe essere l'O.N.U. a vendere la pace, ma di fatto il commercio viene svolto da alcuni statisti che vengono interpellati dalle varie nazioni. Uno di questi è stato il nostro G. ANDREOTTI (1919 – 2013), che, presumibilmente, ha guadagnato più come Venditore di Pace che non come politico italiano.

L'Amministratore Condominiale, in quanto disinteressato economicamente alle scelte del condominio, ha un ruolo che gli consente, almeno teoricamente, non solo di garantire il mantenimento del valore dell'immobile, mediante la ripartizione delle spese necessarie, ma anche di proporre migliorie nell'interesse comune: maggiore è la pace che l'Amministratore Condominiale riesce a portare all'interno del condominio, più semplice sarà ottenere i vantaggi per i condòmini, più naturale sarà l'aggiornamento della parcella al valore dimostrato dalla professionalità.

L'amministrazione della pace

In pratica, l'Amministratore condominiale ha a disposizione i seguenti sistemi per mantenere la pace all'interno del condominio, già visti nel percorso appena svolto ed emersi dall'evoluzione.

a) **Il sistema mafioso.** Si fonda sull'amicizia, e quindi forma una gerarchia tra i condòmini, in ordine per legame di alleanza: in caso di conflitto, l'Amministratore Condominiale difende chi gli è più fedele alleato da chi lo è meno. Efficace nei piccoli gruppi, è sostenibile fino a che la maggioranza è in mano agli amici alleati: nel caso il gruppo di maggioranza non disponesse più dei propri millesimi per qualsiasi motivo, il primo a farne le spese è l'Amministratore Condominiale. Va aggiunto che la pratica di questo sistema è molto ostacolata dalle norme vigenti.

b) **Il sistema legale**. Partendo dall'uguaglianza dei condòmini, affronta ogni decisione e, soprattutto, ogni conflitto facendo ricorso alla Legge e/o al regolamento condominiale. È efficace soprattutto nei confronti degli esterni, per la costante difesa dei diritti dei condomini nei confronti dei fornitori, ed è utile a titolo preventivo, per evitare i conflitti. La chiarezza delle norme, e la tolleranza zero in merito alle infrazioni che possono generare liti tra i condòmini, sono metodi che fondano una pace duratura, anche se non sempre serena. Invece, pensare di risolvere i conflitti tra condòmini col ricorso a giudizi che stabiliscano soltanto la ragione ed il torto, rischia di innescare faide e ripicche in sequenze che tolgono pace non solo al condominio, ma anche all'Amministratore

c) **Il sistema dell'uguaglianza.** In presenza di liti tra condòmini, il metodo di evidenziare le uguaglianze reciproche, in modo da indurre la pace è, quando possibile, tra i sistemi più efficaci. Ricevere separatamente i condòmini in conflitto, ed evidenziare loro alcuni elementi che li possano far sentire uguali con il condomino avversario, è un metodo efficace, quando si riesce ad applicarlo. Per esempio, farsi raccontare dagli anziani che abitano sotto all'appartamento di una coppia con due figlioletti le marachelle che combinavano loro quando erano piccoli, li aiuta a comprendere che il rumore non viene fatto apposta, e che i genitori hanno già il loro bel daffare. Il sistema dell'uguaglianza richiede dall'Amministratore l'attenzione alla componente umana, emotiva, così da cogliere nei contendenti le componenti umane comuni: è utile prendersi tempo tra un incontro e l'altro, per poter immaginare proposte efficaci. Questa capacità si sviluppa con l'esercizio, ed occorre una buona motivazione a mantenere un condominio in pace, in grado di rispondere con adeguate parcelle.

d) **Il sistema della mediazione**. Si sta diffondendo nell'industria e nel commercio, ed è il caso di impararlo anche nella professione dell'Amministratore Condominiale. Consiste nel rinunciare al ruolo di giudice e di non sentirsi incaricato di stabilire quanta ragione e quanto torto ci sia nei contendenti. Invece, l'attenzione va rivolta alle motivazioni concrete del litigio: quasi sempre il conflitto nasce per bisogni che uno dei contendenti non sa risolvere se non limitando i diritti dell'altro. Mettendo a fuoco il bisogno, diventa spesso possibile per l'Amministratore Condominiale individuare soluzioni parziali, compromessi, o modalità di risarcimento che consentano a chi ha bisogno di ridurre il disagio, eventualmente compensando chi sopporta qualche conseguenza. Anche questo metodo richiede allenamento per poter essere messo in pratica, ma i successi che via via divengono possibili rinunciando al ruolo di giudice per passare a quello di consulente e magari di interprete tra i condòmini, aiutano via via a specializzarsi maggiormente, col vantaggio che le soluzioni studiate per un condominio possono poi essere estese, a costo zero, in tutti gli altri casi.

In questa ottica, tutte le competenze dell'Amministratore diventano essenziali: non solo quanto studia nella formazione, non solo gli aggiornamenti ed i confronti con i colleghi, ma anche la raccolta delle esperienze lavorative e le riflessioni della vita quotidiana, per una diffusione della pace che, se vogliamo un tocco di romanticismo, possa diffondersi anche fuori dal condominio: la gente che vive in pace trova maggior difficoltà ad entrare in guerra.

Cenni di bibliografia

- ARIES, P., DUBT, G.: «*Histoire del la vie privée*» 6 volumi - Paris, 1985 – traduzione italiana: «La vita privata» 6 volumi - Roma, 1987
- DARWIN, C.: «*On the Origin of Species*», London, 1859 – tradotta in Italiano: «L'origine della specie» - disponibile in e-book
- DE WAAL, F.: «*Peacemaking among Primates*», Harward, 1989 – traduzione in italiano: «Far pace tra le scimmie», Milano, 1991
- LORENZ, K.: «*L'aggressività*», Milano, 1962
- LORENZ, K.: «*Il cosiddetto male*», (1963), Milano, 1974
- SONNINO, E.: «*Demografia e società in Italia*», Roma, 1989
- STONE, L.: «*The Past And The Present Rivisited*», New York, 1897

Per ogni altra informazione in merito al dr. Alessandro ZUCCHELLI: www.sanzuc.it

www.ingramcontent.com/pod-product-compliance
Lightning Source LLC
Chambersburg PA
CBHW070332290526
45791CB00003B/1307